Mehr verkaufen, besser kommunizieren: Gender Sales für Hotel und Restaurant

Mit Herz verkaufen, mit Gefühl kommunizieren
– für Gäste, die wiederkommen

Frank Höchsmann

Mehr verkaufen, besser kommunizieren: Gender Sales für Hotel und Restaurant

Bibliografische Informationen der Deutschen Nationalbibliothek:
Die Deutsche Nationalbibliothek verzeichnet diese Publikation in der
Deutschen Nationalbibliographie, detaillierte bibliografische Daten sind im
Internet über http: //dnb.dnb.de abrufbar.
© 2025 Frank Höchsmann

Verlag:
BoD · Books on Demand GmbH,
Überseering 33, 22297 Hamburg, bod@bod.de
Druck:
Libri Plureos GmbH, Friedensallee 273,
22763 Hamburg

ISBN: 978-3-8192-9965-0
Revision: Martha Höchsmann, Frohnau - Berlin

Fotos: Einige verwendete Illustrationen wurden mithilfe künstlicher
Intelligenz (KI) generiert
Katzenkopf Zeichnung: Berlin Plaza Hotel

:

Vorwort

Liebe Leserinnen und Leser,

Verkaufen ist weit mehr als das Anbieten von Produkten oder Dienstleistungen – es ist Kommunikation, Empathie und das richtige Gespür für Menschen. In der Hotellerie und Gastronomie entscheiden oft klare Worte, ein gezielter Vorschlag oder die Art der Ansprache über zufriedene Gäste, zusätzliche Umsätze und nachhaltige Kundenbindung.

Mit diesem Buch *„Mehr verkaufen, besser kommunizieren: Gender Sales für Hotels und Restaurants"* lade ich Sie ein, Ihre Verkaufsfähigkeiten weiterzuentwickeln – praxisnah, zeitgemäß und mit einem besonderen Fokus auf die genderorientierte Kommunikation. Denn die Erwartungen moderner Gäste verändern sich – und mit ihnen die Anforderungen an erfolgreiche Verkaufsprozesse.

Das Buch beginnt mit einem Blick auf die Gästeerwartungen und Ihre Selbsteinschätzung als Verkäufer. Sie reflektieren Ihre Wirkung, erkennen Kommunikationspotenziale und erfahren, was Gäste wirklich erwarten. Im Kapitel Worte, die verkaufen – Überzeugende Gästekommunikation erlernen Sie bewährte Sprechtechniken, Fragetechniken und eine überzeugende Wortwahl – alles fundiert, direkt umsetzbar und mit Beispielen unterlegt.
Im Herzstück des Buches, In 5 Schritten zum Verkaufserfolg im Hotel und Erfolgreiche Verkaufsphasen im Restaurant, zeige ich Ihnen klare Abläufe, wie Sie systematisch von der Begrüßung bis zur Nachbetreuung strukturiert verkaufen. Diese Methoden sorgen für Souveränität im Gespräch – bei neuen wie bei Stammgästen.

Ein weiterer Schwerpunkt liegt auf dem Zusatzverkauf – jenem Bereich, in dem häufig großes Potenzial ungenutzt bleibt. Ob im Hotelbereich mit Upgrades, Spa oder Late Check-out, im Restaurantbereich mit Weinempfehlungen oder Desserts, oder bereichsübergreifend mit Cross-Selling und Loyalitätsprogrammen: Sie erhalten Techniken, Argumente und Beispiele, die sich sofort im Alltag einsetzen lassen.

Die Kapitel Hilfsmittel, die den Verkauf leichter machen, Nutzenargumentation, Motivatoren und die klassischen Werbemittel zeigen, wie Sie psychologische Grundlagen gezielt in Ihre Verkaufsgespräche integrieren. Das Verkaufsmodell der AIDA-Formel wird dabei ebenso behandelt wie praxisrelevante Tabellen und Formulierungen.

Ein besonderes Highlight bildet das Kapitel Gender Sales als Umsatzbooster: Sie erfahren, wie Sie Männer und Frauen gezielt ansprechen, wie sich Kaufverhalten unterscheidet – und wie sich Produkte und Services entsprechend anpassen lassen. Gender Sales in der Praxis liefert Ihnen konkrete Gesprächsansätze für Rezeption und Restaurant.
Schließlich widmen wir uns dem Erkennen von Gästetypen und dem individualisierten Verkauf – vom geizigen über den nervösen bis zum anspruchsvollen Gast. Ergänzt wird das Buch durch zahlreiche Empfehlungen und Tipps für den Verkaufsalltag, den professionellen Umgang mit Reklamationen sowie die oft unterschätzte Wirkung des Telefons als Visitenkarte Ihres Hauses.

Ich wünsche Ihnen viel Lese-Spaß und Geschäftserfolg mit diesen praxiserprobten und aktualisierten Verkaufs-techniken und Verkaufshilfsmitteln.
Herzliche Grüße, Ihr

Frank Höchsmann   Berlin, 15.06.2025

Inhaltsangabe

Haftungsausschluss:

Die in diesem Fachbuch enthaltenen Informationen wurden sorgfältig recherchiert und aufbereitet. Dennoch über nehmen der Autor und der Verlag keine Haftung für Irrtümer oder Schäden, die aus der Anwendung der Inhalte entstehen könnten. Die Umsetzung der vorgeschlagenen Methoden und Übungen erfolgt auf eigene Verantwortung.

Hinweis:

Nachstehende Informationen dienen zur unverbindlichen Kenntnisnahme.
Es handelt sich um eine Darstellung der fachlichen Grundlagen und Erfahrungen des Autors, die jedoch keinen Anspruch auf Vollständigkeit erhebt.
Eine Haftung für die inhaltliche Richtigkeit wird nicht übernommen.
Aus Vereinfachungsgründen und wegen besserer Lesbarkeit wird oft die männliche Form benutzt.
Wir bekennen uns zum Art. 3 des Grundgesetzes: Gleichheit aller Menschen.

1. Selbsteinschätzungstest und Gästeerwartungen

1.2. Verkäufer - Selbsteinschätzungstest

Was macht eine gute Verkäuferin oder einen guten Verkäufer im Hotel und Restaurant wirklich aus?

Ist es Selbstsicherheit? Die Fähigkeit, sich durchzusetzen? Oder vielleicht doch der Humor, mit dem man Gäste für sich gewinnt? Erfolgreiche Verkaufspersönlichkeiten vereinen viele Eigenschaften: Sie können begeistern, überzeugen und – ganz entscheidend – gut zuhören.

Gute Verkäufer: innen stehen hinter dem, was sie tun. Sie glauben an ihre Dienstleistung, ihr Produkt, ihr Team – und strahlen das auch aus. Sie tun oft mehr, als von ihnen erwartet wird, sind offen für neue Ideen und achten auf ihr äußeres Erscheinungsbild.

Denn sie wissen: Verkaufen beginnt nicht mit einem Angebot, sondern mit der eigenen Haltung.

Mit dieser Selbsteinschätzung am Anfang möchten wir Sie einladen, über Ihre eigene Verkaufsrolle nachzudenken – ehrlich, wertschätzend und mit dem Ziel, das Beste aus Ihrem Potenzial herauszuholen.

Bitte testen Sie sich:

Selbsteinschätzung					
Testdatum:	Besonders stark / eher schwach				
Eigenschaften eines Verkäufers	10/9 ☺☺	8/7 ☺	6/5 ☺	4/3 ☹	2/1 ☹☹
Sind Sie selbstsicher?					
Können Sie sich behaupten?					
Haben Sie Humor?					
Können Sie begeistern? Überzeugen?					
Können Sie gut zuhören?					
Haben Sie eine positive Einstellung zu Ihrer Firma, Chef, Kollegen, Produkt oder anzubietenden Dienstleistung?					
Tun Sie oft mehr als man von Ihnen erwartet?					
Sind Sie neuen Ideen aufgeschlossen?					
Pflegen Sie Ihr äußeres Erscheinungsbild?					
Erreichte Punkte: (Auswertung von uns)					
Name:	Betrieb:				

Meine Stärken:

Meine Schwächen:

1.2. Erwartungen moderner Gäste verstehen

Unsere Gäste kommen mit klaren, oft unausgesprochenen Erwartungen zu uns. Sie möchten sich willkommen fühlen – nicht nur durch ein Lächeln, sondern durch echtes Interesse und professionelles Auftreten.

Höflichkeit, Zuvorkommenheit und ein freundlicher Empfang gehören dabei ebenso dazu wie eine gepflegte Erscheinung, eine klare Aussprache und saubere, einladende Räumlichkeiten.

Doch der moderne Gast erwartet mehr als nur Äußerlichkeiten. Er wünscht sich Mitarbeiter: innen, die wissen, wovon sie sprechen – mit Fachkenntnis, Produkt-wissen und Beratungskompetenz.

Genauso wichtig sind Zuhören, Vertrauenswürdigkeit, Flexibilität und ein feines Gespür für unterschiedliche Menschentypen.

Ob Geduld, Nervenstärke, Ehrlichkeit oder Kontaktfreude: Wer im Verkauf erfolgreich sein will, sollte nicht nur „verkaufen können", sondern auch zwischenmenschlich überzeugen – durch Haltung, Aufmerksamkeit und ehrliches Interesse.

Nutzen Sie die Gelegenheit, sich selbst zu reflektieren:
Welche dieser Eigenschaften bringen Sie bereits mit
– und in welchen möchten Sie noch stärker werden?

1.3. Arbeitsblatt: Was erwarten Gäste von mir?

Lesen Sie die folgenden Aussagen sorgfältig durch. Kreuzen Sie **10** Eigenschaften oder Verhaltensweisen an, die Ihrer Meinung nach für Ihre Gäste besonders wichtig sind. Danach kreuzen Sie die 5 Eigenschaften an, die Sie persönlich bereits gut umsetzen – und 2, bei denen Sie sich verbessern möchten.

Was ist unseren Gästen besonders wichtig? *(10 Punkte ankreuzen)*

☐ Profunde Fachkenntnisse

☐ Interesse für die ausgeübte Tätigkeit

☐ Konzentration während der Arbeit

☐ Selbstsicherheit

☐ Geduld

☐ Fähigkeit zum Zuhören

☐ Schnelligkeit

☐ Vertrauenswürdigkeit

☐ Ausgewogenheit

☐ Richtiges Einschätzen der Menschentypen

☐ Perfekte Produktkenntnisse

☐ Beratungsgabe

☐ Absolute Ehrlichkeit

☐ Kontaktfreudigkeit

☐ Flexibilität im Umgang mit dem Gast

☐ Preiskenntnisse

☐ Nervenstärke

☐ Besonnenheit

Meine Einschätzung: Diese 5 Eigenschaften lebe ich bereits gut:

1. _____

2. _____

3. _____

4. _____

5. _____

Diese 2 Eigenschaften möchte ich bewusst verbessern:

1. _____

2. _____

Reflexionsfrage: Was glauben Sie: Welche dieser Eigenschaften wird in Zukunft noch **wichtiger** werden – und warum?

_____

_____

_____

2. Worte die verkaufen

2.1. Überzeugende Gästekommunikation

Dieses Kapitel befasst sich mit Sprech- und Fragetechniken und bietet auch Anleitungen, wie wir die richtigen Worte wählen können, um erfolgreicher mit unseren Gästen zu kommunizieren.

Wenn wir die Reden bedeutender Persönlichkeiten analysieren, fällt auf, dass sie alle ein einfaches, klares und für jeden verständliches Vokabular verwenden. Diese Reden sind derart einfach gehalten, dass selbst Kinder die Botschaften mühelos erfassen können. Ein weiteres Merkmal ist die Verwendung eines bildhaften Vokabulars - sie malen mit Worten wie ein Künstler. Beim Hören oder Lesen ihrer Reden entstehen lebhafte Bilder in unserem Geist.

Eine andere Gruppe erfolgreicher Menschen sind diejenigen, die von der Kunst des Fragens leben. Dazu gehören Ärzte, Anwälte und Berater, die spezielle Fragetechniken anwenden.

Diese Gruppen nutzen im Allgemeinen wirkungsvolle, positive Worte.

In diesem Kapitel werden Sie lernen, wie Sie eine ausgezeichnete Sprech- und Fragetechnik entwickeln können und wie Sie überzeugende Worte gezielt einsetzen.

2.2. Sprechtechniken

Die Sprechtechnik setzt sich aus mehreren Elementen zusammen:
Stimme, Lautstärke, Tonfall, Lächeln, Mimik, Gestik etc.
Unsere Stimme hat eine Auswirkung auf den Zuhörer, die Folgendes anzeigen kann:

Leise Stimme:
Schwäche und Unsicherheit, aber auch Diskretion und Feingefühl.
Starke Stimme: Vitalität und Temperament, aber auch Unsicherheit und Beherrschung.

Langsam sprechen:
Träge, unmotiviert, aber auch ausgeglichen und vernünftig.

Schnell sprechen:
Impulsiv, temperamentvoll, aber auch unkontrolliert und egoistisch.

Monoton sprechen:
Müde, deprimiert, gleichgültig, aber auch kontrolliert.
Variation im Ton: Offen, auf der Suche nach Kontakten.

So sprechen wir richtig:

Die folgenden Techniken helfen, die Art und Weise, wie Sie sprechen, zu verbessern. Die Worte, die Stimme, der Ton usw. erzeugen eine positive oder negative Wirkung. Wir erzielen einen positiven Effekt durch Veränderungen:

a) Geschwindigkeit

- 120 Wörter pro Minute
- Sprechen Sie so schnell oder so langsam wie der Gast
- Die Geschwindigkeit in einem Gespräch variieren.

b) Pausen

Sprechen Sie mit Pausen

- Dadurch erhält der Gast Zeit zum Denken,
- Wir können atmen und
- es gibt einen theatralischen Effekt
- Pausen sind ein Instrument der Kontrolle.

c) Volumen/Stärke

- Angemessen, nicht schreien
- Sich an die Umgebung anpassen
- Kommen Sie näher und sprechen Sie in normaler Lautstärke.

d) Wörter

- einfache Worte verwenden, die auch ein Kind verstehen kann
- Verwenden Sie Wörter, die den Wörtern des Gastes ähneln.
- jedes Wort deutlich aussprechen/ vokalisieren
- wenige Fachbegriffe verwenden.

e) Klangfarbe

- Tiefer Ton ist ernst und beruhigend.
- Hohe Tonhöhe sind meist unangenehm.
- Verwenden Sie einen tiefen Ton, da dieser als kompetenter, selbstbewusster, souveräner, verständnisvoller usw. eingestuft wird.

f) Melodie

- Vermeiden, monoton zu sein
- Auch Melodie mit steigendem Ton verwenden (Begrüßung)
- Heben und senken der Intonation
- Die Intonation am Ende eines Satzes senken
- Sagen Sie wichtige Wörter mit einer starken Intonation.

g) Mimik

- Immer einen freundlichen Blick behalten
- Immer lächeln, wenn Sie sprechen
- In die Augen des Gesprächspartners schauen
- Lächeln, denn Lächeln kann auch gehört werden

h) Gesten

- Begleiten Sie die Worte mit dem Ausdruck von Armen und Händen.
- Gesten erwecken Worte zum Leben.

- Einige Wörter mit Gesten unterstreichen
- Mit Gesten können wir beim Gast verstehen, was uns der andere sagen will.
- Nicht gestikulieren, ohne zu sprechen

(i) Konzentration
- Maximale Konzentration ist beim Sprechen wichtig
- Konzentration auf das Gespräch

j) Sichtkontakt
- Zuerst stellen Sie zuerst Blickkontakt her, dann verbalen Kontakt.
- Der Gast spricht normalerweise über das, was er sieht.
- Wenn der Gast Sie nicht anschaut, sprechen Sie ihn nicht an, warten Sie.

k) Überzeugung
- Überzeugend reden
- Sprechen Sie darüber, wovon Sie überzeugt sind.
- Wenn Sie von einem Gericht nicht überzeugt sind, tun Sie sich schwer, andere davon zu überzeugen.

l) Interessante Themen
- Sprechen Sie nur über das, was den Gast interessiert.
- Zur richtigen Zeit, das richtige Thema
- Reden Sie nicht nur, um zu reden.

m) Ausstrahlung
- Mit Charisma sprechen
- Mit Begeisterung sprechen
- Sprechen Sie mit Ihrem ganzen Körper.
- Drehen Sie Ihren ganzen Körper zum Gesprächspartner (drehen Sie nicht nur den Kopf).

2.3. Fragetechniken

In der Praxis kommt es oft vor, dass die Anfrage des Gastes nicht sehr klar oder vollständig ist. Wenn dies geschieht, müssen wir Fragen stellen, um die genauen Wünsche der Gäste zu ermitteln.

Das Fragenstellen zum richtigen Zeitpunkt ist wichtig.

- Über Fragen erhalten wir Informationen.
- Fragen helfen, ein Gespräch zu lenken.
- Fragen bauen eine Brücke zwischen uns und dem Kunden.
- Wer die Fragen stellt, gewinnt!

Arten von Fragen

Die Melodie macht die Musik und der Ton der Frage ist wichtiger als der Inhalt. Für eine gute Kommunikation müssen wir jedoch die Technik des Fragenstellens beim Gast beherrschen und die Arten von Fragen kennen.

a) Offene Fragen

Verwenden Sie offene Fragen, besonders zu Beginn des Gesprächs. Diese Art von Fragen hilft uns, die Bedürfnisse des Gastes kennenzulernen. Sie werden in der Regel ehrlicher und genauer beantwortet. Z.B.

- Ist die Temperatur so für Sie in Ordnung?
- Für wie viele Personen wollen Sie reservieren?
- Wann möchten Sie reservieren/buchen?

b) Positive Fragen

Stellen Sie immer positive Fragen. Vermeiden Sie Wörter wie *nein, nie, es gibt keine, Probleme, Beschwerde, unzufrieden, teuer,* etc. Hier ein paar Beispiele für positive Fragen:

- Wofür haben Sie sich entschieden?
- Worum handelt es sich genau?
- Wie hat es Ihnen geschmeckt?

c) Suggestivfragen

Suggestivfragen sollte man nicht so oft verwenden. Wir stellen sie nur dann, wenn wir sicher sind, dass der Gast mit *Ja* antwortet. Diese Technik kann

zur „Ja-Autobahn" führen. Achtung: Der Kunde soll sich nicht manipuliert fühlen.
Beispiel: Sicherlich möchten Sie einen ruhigen Tisch mit Meerblick reservieren?

d) Alternative Fragen
Wenn Sie Alternativfragen stellen, setzen Sie die Alternative, die Ihnen am besten gefällt, an das Ende der Frage, ggf. mit Betonung. Zum Beispiel: Möchten Sie mit Kreditkarte oder bar bezahlen?

e) Verwandeln Sie Aussagen und Vorschläge in Fragen
Meinungen, Bestätigungen und Vorschläge klingen manchmal oberlehrerhaft und erinnern uns an die Schule. Wenn wir Vorschläge in Fragen umwandeln, kommen wir besser an. Z.B. Ich stelle einen Tisch auf der Terrasse für Sie auf! Besser: Kann ich für Sie einen Tisch auf der Terrasse aufstellen?
Bestellen Sie unser Menü des Tages! Besser:
Darf ich Ihnen unser Menü des Tages empfehlen?

f) Pausen
Stellen Sie die Frage und geben Sie dem Gast Zeit zum Nachdenken.

g) Kurze Fragen
Fragen kurz und präzise stellen, dann ist auch die Antwort kurz und prägnant.

h) Begründen Sie die Fragen
Heikle, problematische Fragen erklären wir. Der Gast versteht dann die Notwendigkeit der Frage und der Antworten. Zum Beispiel: Sind Sie gegen bestimmte Lebensmittel allergisch? Ich frage, weil dieses Menü eine Menge Allergene enthält.

i) Fragen an alle stellen
Die Fragen richten sich in der Regel an alle Personen eines Tisches. Wenn die Gruppe zu groß ist, werden die Gruppen gedanklich unterteilt und die Fragen (werden) getrennt gestellt.

2.4. Wortauswahl

Jedes Wort hinterlässt im Unterbewusstsein Spuren bei dem, der es sagt, und bei dem, der es hört. Deshalb müssen wir jedes Wort sorgfältig auswählen, wenn wir sprechen und auch wenn wir Fragen stellen.

Vorschläge zu Worten
Wie oben erwähnt, haben Worte eine Bedeutung und verursachen eine Wirkung. Der Effekt kann positiv oder negativ sein. Deshalb ist es empfehlenswert, im Gespräch mit dem Gast positiv wirkende Worte zu verwenden.

Und noch etwas Wichtiges:
Prof. Dr. Paul Watzlawik war gebürtiger Österreicher und Kommunikationswissenschaftler in den USA.
Seine fundamentalen Aussagen helfen uns besonders in den Verkaufsgesprächen:

WATZLAWICK I	WATZLAWICK II
MAN KANN NICHT NICHT KOMMUNIZIEREN Jeder der einen Raum betritt kommuniziert, auch wenn er nichts sagt! Gäste registrieren alles; Umgang der Mitarbeiter (MA) mit dem Gast, Umgang der MA mit dem CHEF, Umgang mit anderen Gästen, MA untereinander, Freundlichkeit, Fachkompetenz, Ausstrahlung (Charisma), persönliche Erscheinung, Ordnung, Sauberkeit, etc.	Jede Kommunikation verläuft auf 2 Ebenen 1.) Inhalts-, Sach-, Kopfebene 2.) Beziehungs-, Bauch-, Gefühlsebene (= Herz) Wobei letztere erstere definiert! D.h. ohne gute Beziehung zum Kunden werde ich ihm nichts verkaufen. D.h. auch das, wenn ich sein Herz gewonnen habe, habe ich mit dem Kopf ein leichtes Spiel.

95% der Kaufentscheidungen kommen aus dem Herzen/Bauch

Und hier die positiven Wörter:

- bewährt
- Bildung
- brillant
- Chance
- effizient
- ehrenhaft
- ehrlich
- empfohlen
- Erfolg
- Ergebnis
- fähig
- Fortschritt
- frei
- friedlich
- frisch
- fruchtbar
- Geld
- gemeinsam
- Gesundheit
- hervorragend
- ideal
- Innovation
- Integrität
- interessant
- jung
- kostengünstig
- Lächeln
- langlebig
- lebenswichtig
- leicht
- Leistung
- Lösung
- menschlich
- modern
- Mut
- mutig
- neu
- optimal
- original
- preiswert
- Qualität
- reich
- Rekord
- riesig
- Ruf
- sauber
- Schatz
- Garantie
- schnell
- schön
- Sicherheit
- Sonnenschein
- Sparen
- Star
- stolz
- tadellos
- Technologie
- Titan
- übersichtlich
- Umwelt
- unser
- verbindlich
- vorherrschend
- Vorschlag
- Vorteil
- Wachstum
- wertvoll
- wertvoll
- wirtschaftlich
- wissenschaftlich bewiesen
- Zenit
- zufrieden
- Zukunft
- zuverlässig

3. In 5 Schritten zum Verkaufserfolg im Hotel

Der Klassische Verkaufsprozess

Der klassische Verkaufsprozess im Hotel besteht aus fünf klar definierten Phasen: Begrüßung, Wunschermittlung, Angebot, Verkauf/Reservierung und Verabschiedung.
Ihre Dauer kann variieren – je nach Gast, Situation und Reaktion. Der folgende Leitfaden bezieht sich speziell auf den persönlichen Verkauf am Empfang (Rezeption). Verkauf via Telefon wird separat behandelt

Schritt 1: Die Begrüßung

Richtig begrüßen ist wie festnageln.
Der erste Eindruck entscheidet – und der zählt sofort.

Begrüßungsart	Verhalten & Wirkung
Verbale Begrüßung	Sofortiger Blickkontakt, Aufstehen, Lächeln, freundliche Begrüßung, ggf. Händeschütteln, sich vorstellen, offene Körpersprache, Dienstbereitschaft zeigen, Fokus auf den Gast
Nonverbale Kontaktaufnahme	Lächeln, Blickkontakt, Nicken, einladende Gestik, Platz anbieten, Geduld zeigen; nach einem Telefongespräch sofort persönliche Zuwendung

Praxistipp: Üben Sie mit Kolleg: innen die perfekte Begrüßung mit Kamera oder Spiegel – der Blick, das Lächeln und Ihre Körpersprache sagen mehr als Worte.

Schritt 2: Wunschermittlung

Wunschermittlung = aktives Zuhören + gezielte Fragen

Technik	Verhalten & Wirkung
Aktives Zuhören	Nicken, Notizen machen, ausreden lassen, nachfragen, echtes Interesse zeigen: *„Verstehe ich Sie richtig? Sie wünschen…?"*
Gezielte Fragen	W-Fragen (Wer? Wann? Wie lange? Womit?), sowie Suggestiv-, Alternativ- und Gegenfragen, um den Bedarf genau zu erfassen

Praxistipp: Notieren Sie nicht nur Fakten, sondern auch Zwischentöne – z. B. Stimmungen, Vorlieben oder besondere Wünsche.

Schritt 3: Das Angebot

Angebot = Gästewunsch + Angebotskompetenz

Angebotselement	Wissen & Umsetzung
Gästewunsch	Aus der Wunschermittlung abgeleitet, individuell und persönlich abgestimmt
Angebotskenntnis	Genaue Kenntnisse zu Zimmerarten, Ausblick, Lage, Betten, Ruhe, Allergiker Freundlichkeit, Specials – mit einem Ziel: das perfekte Zimmer für **diesen** Gast finden

Praxistipp: Lernen Sie Ihr Haus wie ein Gast kennen – probieren Sie Zimmer, Frühstück, Spa aus. Persönliche Erfahrung verkauft authentischer.

Schritt 4: Verkauf & Reservierung

Verkauf = Preisangabe + Einwandbehandlung + Kaufsignale

Verkaufstechnik Verhalten & Umsetzung

Preisangabe	Nutzenorientiert argumentieren: „Dieses Zimmer ist ideal für Sie, weil ..." Persönlichen Mehrwert betonen, nicht nur Fakten nennen

Einwände behandeln;

- **Objektiv:** anerkennen, flexibel reagieren

- **Subjektiv:** mit Fakten klären, ohne Bloßstellung

- **Persönlich:** auf Wünsche eingehen (z. B. Ernährung, Ängste, Gewohnheiten)

- **Vorwände:** durch Fragen die wahre Ursache erkennen

Kein Bagatellisieren, kein „Besserwissen", keine Schuldzuweisungen |

Kaufsignale erkennen;

Verbal: Gast fragt nach Abreisezeit, Zahlung etc.

Nonverbal: Nicken, Preislisten schließen, neugierige Fragen stellen – jetzt abschließen!

Praxistipp: Trainieren Sie Einwandbehandlung mit Kolleg: innen in Rollenspielen – besonders für „heikle" oder emotionale Reaktionen.

Schritt 5: Verabschiedung & Nachbetreuung

Verabschiedung = Kontaktpflege + Vertrauensaufbau + Weichen für die Zukunft stellen

Phase	Verhalten & Wirkung
Personalien erfassen	Datenschutzgerecht und freundlich, ggf. mit Formular. Nicht unter Zeitdruck oder unhöflich „abwickeln"
Kaufbestätigung	Positiv bestätigen: *„Eine ausgezeichnete Wahl – Sie werden sich wohlfühlen."*
Information & Empfehlung	Zusatzservices erklären, Freizeit- oder Kulinarik Tipps geben – Begeisterung erzeugen
Verabschiedung	Freundlich, individuell, mit Blick auf ein Wiedersehen: *„Ich wünsche Ihnen einen wunderbaren Aufenthalt – bis bald bei uns."*
Nachbetreuung	Reservierungsbestätigung versenden, ggf. kleine Aufmerksamkeit vorbereiten (z. B. Begrüßungskarte, Upgrade bei Wiederbesuch)

Praxistipp: Legen Sie bei Stammgästen eine persönliche Notiz im System an – Lieblingszimmer, Kaffee-Vorlieben, Zeitung. Solche Details machen Gäste zu Fans.

4. Erfolgreiche Verkaufsphasen im Restaurant

Der klassische Verkaufsprozess

Der klassische Verkaufsprozess im Restaurant umfasst fünf aufeinanderfolgende Phasen. Ihre Dauer variiert je nach Situation, Gäste Typ und Tageszeit. Die fünf Verkaufsphasen sind: Begrüßung, Wunsch- und Bedarfsermittlung, Angebot & Empfehlung, Verkauf & Service, Verabschiedung & Nachbetreuung.

1. Begrüßung im Restaurant

Richtig begrüßen ist wie festnageln – der erste Eindruck zählt.

Begrüßungsart	Verhalten & Wirkung
Verbale Begrüßung	Sofortiger Blickkontakt, Lächeln, freundliche Begrüßung (bei Stammgästen mit Titel und Namen), sich vorstellen, Augenkontakt halten, offene Körpersprache, Dienstbereitschaft signalisieren, ggf. Platz anbieten, Stuhl rücken, Garderobe abnehmen, höflich und zugewandt sein
Nonverbale Kontaktaufnahme	Lächeln, Blickkontakt, freundliches Nicken, einladende Gestik, Platz anbieten, Geduld zeigen; nach Gesprächs- oder Serviceende persönliche Zuwendung zum neu angekommenen Gast

Praxistipp: In den ersten drei Sekunden entscheidet sich, ob der Gast sich willkommen fühlt. Üben Sie mit Kollegen/ innen authentisches Auftreten.

2. Wunsch- und Bedarfsermittlung

Wunschermittlung = aktives Zuhören + gezielte Fragen stellen
Bedarfsermittlung = Erkennen individueller Gästetypen und deren
Bedürfnisse

Technik / Zielgruppe	Verhalten / Bedürfnisse
Aktives Zuhören	Nicken, Geduld zeigen, ausreden lassen, nicht unterbrechen, Nachfragen, Interesse signalisieren („*Verstehe ich Sie richtig…?*")
Gezielte Fragen	W-Fragen: Wer? Wann? Was? Wie viel? Womit? Ergänzt durch Suggestiv-, Alternativ- oder Gegenfragen
Geschäftsleute mittags	Schnelligkeit, leichte Gerichte, kein Alkohol, diskreter Service, Espresso, alles auf eine Rechnung
Geschäftsleute abends	Aperitif, volle Menüfolge, exzellente Weine, Digestif mit Zigarre, Zeit & Genuss
Touristen / Feriengäste	Regionale Spezialitäten, Empfehlungen, Dreigang-Menü, Geduld, Infos zu Ausflügen
Ältere Gäste / Rentner	Ruhige Plätze, kleinere Portionen, Diätangebote, Zeit für Gespräche
Tagungsteilnehmer	Schneller, leichter Lunch, alkoholfrei, einheitliche Abrechnung, wenig Kommunikation
Bankettgäste	Anspruchsvoll, kommunikativ, genießen die Inszenierung
Familien mit Kindern	Kindermenüs, Hochstühle, Platzbedarf, Beschäftigung für Kinder, Sonderwünsche akzeptieren

Praxistipp: Notieren Sie sich am besten mental, welcher Gäste Typ
gerade vor Ihnen sitzt – so passen Sie Ihr Angebot intuitiv besser an.

3. Angebot & Empfehlung

Angebot = Gäste-Wunsch + Fachkenntnis + Intuition

Element	Wissen & Umsetzung
Gästewunsch	Wurde in der vorherigen Phase ermittelt; jetzt gilt es, das Passende daraus anzubieten
Angebotskenntnis	Tiefes Wissen über Speisen, Getränke, Zubereitung, Allergene, Zubereitungszeit, passende Getränke, besondere Empfehlungen der Küche

Empfehlung = Kombination aus Erfahrung, Intuition und Beobachtung

Faktoren für die richtige Empfehlung:
- Besuchsanlass (z. B. Feier, Business)
- Erscheinung / Körpersprache der Gäste
- Tageszeit / Wochentag
- Aktivitäten vor/nach dem Essen
- Farbe, Konsistenz und Kalorien der Speisen
- Servierfolge & Besteckwahl
- Empfehlungen der Küche
- Ausgesprochene und unausgesprochene Wünsche

Praxistipp: Nennen Sie nie nur Gerichte – beschreiben Sie Geschmack, Textur oder Herkunft. Beispiel: *„Unser Zanderfilet ist fangfrisch aus dem Bodensee und wird auf einem Bett aus Zitronenrisotto serviert."*

4. Verkauf & Service

Verkauf = Preisargumentation + Einwandbehandlung + Bestellabschluss

Verkaufselement	Verhalten & Technik
Preisangabe	Den Wert in den Fokus rücken – *„Für diesen Preis erhalten Sie ein regionales, hochwertig zubereitetes Gericht mit besonderem Aroma."*

Einwandbehandlung

Objektive Einwände: anerkennen, ggf. Alternativen anbieten

Subjektive Einwände: freundlich und sachlich aufklären, nicht bloßstellen

Persönliche Einwände: sensibel reagieren (z. B. Allergien, Diäten)

Ausreden (Vorwände): erkennen und mit Empathie gegensteuern

Kaufsignale & Bestellung

Verbal: Gast fragt nach Wartezeit, Änderung, Beilagen

Nonverbal: Karte wird zugeklappt, Blickkontakt gesucht, Interesse gezeigt

Service = Arbeiten am Gast in Etappen:

Aperitif, Vorspeise, Hauptgang, Dessert, Digestif

Service = aufmerksam, ruhig, stilvoll, präsent |

Praxistipp: Nutzen Sie die Bestellung, um Ihre Beratungskompetenz zu zeigen: durch passende Getränkeempfehlungen oder Beilagen Varianten.

5. Verabschiedung & Nachbetreuung

Verabschiedung = Rechnung + höflicher Gruß + Gästebindung

Phase	Verhalten & Umsetzung
Rechnung	Auf Wunsch überreichen – nie ungefragt. Getrennt oder gesammelt abrechnen. Freundlich und diskret.
Verabschiedung	Individuell je nach Situation: *„Ich wünsche Ihnen eine angenehme Heimfahrt – hoffentlich bis bald wieder bei uns."*
Nachbetreuung	Z.B. informieren, wenn es eine neue Speisekarte gibt!

5. Die besten Techniken für Zusatzverkauf

5.1. Was ist Zusatzverkauf

Die erfolgreiche Umsetzung von Verkaufs- und Zusatzverkaufs-strategien erfordert ein tiefes Verständnis der Zielgruppe, eine effektive Schulung des Personals und die Bereitschaft, auf die sich ändernden Bedürfnisse und Wünsche der Gäste einzugehen.

Ein ausgewogenes Verhältnis zwischen Gewinn-maximierung und Kundenzufriedenheit ist entscheidend für den langfristigen Erfolg in der Hotel- und Restaurantbranche.

Der Zusatzverkauf im Hotel- und Restaurantbereich bezieht sich auf die Praxis, den Gästen neben ihrem Hauptkauf (z.B. Hotelzimmer oder Hauptgericht) zusätzliche Produkte oder Dienstleistungen anzubieten, die ihren Aufenthalt oder ihre Mahlzeit verbessern oder ergänzen.

Das Hauptziel des Zusatzverkaufs ist es, den Umsatz zu steigern und gleichzeitig die Kundenzufriedenheit zu erhöhen, indem den Gästen Mehrwert geboten wird. Hier sind einige Beispiele für den Zusatzverkauf in diesen Bereichen:

5.2. Zusatzverkauf im Hotelbereich

1. Upgrades

- Personalisierung: Bieten Sie personalisierte Upgrades an, die auf den spezifischen Vorlieben der Gäste basieren. Zum Beispiel könnte ein wiederkehrender Gast, der oft in Ihrem Hotel verweilt, automatisch ein Upgrade auf seine bevorzugte Suite erhalten.
- Zeitlich begrenzte Angebote: Erstellen Sie Angebote für Upgrades während des Check-ins oder in der Vorab-Reservierung, um den Gästen einen Anreiz zu bieten, sich für eine bessere Zimmerkategorie zu entscheiden.

2. Zimmerservice

- Erweiterte Menüoptionen: Entwickeln Sie ein umfangreiches Zimmerservice-Menü, das nicht nur Standardgerichte, sondern auch lokale Spezialitäten oder gesunde Optionen umfasst, um unterschiedlichen Geschmäckern gerecht zu werden.
- Bundles: Bieten Sie Paketangebote an, bei denen Gäste ein Frühstück, ein Getränk und einen Snack zu einem ermäßigten Preis bestellen können.

3. Spa-Behandlungen

- Pauschalangebote: Stellen Sie Pauschalangebote zusammen, die mehrere Behandlungen oder Dienstleistungen zu einem vergünstigten Preis kombinieren, z.B. eine Massage gefolgt von einer Gesichtsbehandlung.
- Schnupper-Angebote: Bieten Sie den Gästen zum Kennenlernen spezielle Schnupperangebote an, die zeitlich begrenzt sind und dabei helfen, Premium-Behandlungen bekannt zu machen.

4. Parkservice

- Valet-Parkservice: Dies könnte einen Premium-Service für Gäste anbieten, die keine Zeit mit dem Parken verbringen möchten, um den Check-in-Prozess für sie bequemer zu gestalten.
- Park-Pakete: Entwickeln Sie Pakete, die den Parkplatz für die gesamte Dauer des Aufenthalts zu einem ermäßigten Preis anbieten, um Anreize für längere Buchungen zu schaffen.

5. Ausflüge und Aktivitäten

- Geheimtipps: Organisieren Sie geführte Touren oder Aktivitäten, die weniger bekannt, aber besonders reizvoll sind, und vermarkten Sie diese als exklusive Erlebnisse für Ihre Gäste.
- Familienangebote: Bieten Sie spezielle Angebote für Familienreisen an, die Aktivitäten für Kinder beinhalten, um Mehrwert für Familienurlaube zu schaffen.

6. Late Check-out

- Flexibles Check-out: Implementieren Sie ein flexibles Check-out-System, bei dem Gäste jederzeit Anfragen können, und informieren Sie darüber, dass ein später Check-out gegen eine kleine Gebühr möglich ist.
- Mitgliederprogramme: Belohnen Sie loyalen Stammgästen die Nutzung des Late Check-outs als Teil eines Treueprogramms oder VIP-Services.

7. Weitere Zusatzverkaufsmöglichkeiten

- Transportdienstleistungen: Stellen Sie Transfers zu Flughäfen oder in die Stadt zur Verfügung, vielleicht auch in Verbindung mit besonderen Rabatten für Gruppen.
- Spezielle Momente: Vermarkten Sie Pakete für Hochzeiten, Jubiläen oder andere besondere Anlässe, die spezielle Dekoration, Zimmeraufbereitung oder Champagner-Service beinhalten.
- Workshops oder Seminare: Organisieren Sie Veranstaltungen innerhalb oder außerhalb des Hotels, wie Fotoworkshops oder Yoga-Retreats, die sowohl Hotelgäste als auch externe Teilnehmer ansprechen.
- Technologische Upgrades: Bieten Sie auf Anfrage technologische Upgrades an, wie z.B. Hochgeschwindigkeits-Internet oder unterstützende Geräte, die Gäste für ihre geschäftlichen Aufenthalte benötigen.

5.2 Zusatzverkauf im Restaurantbereich

1. Getränke

- Mixgetränke oder Cocktails: Entwickeln Sie eine exklusive Cocktailkarte mit kreativen und saisonalen Mixgetränken, die zum Speiseangebot des Restaurants passen. Bieten Sie auch alkoholfreie Cocktails an, um eine breitere Zielgruppe anzusprechen.
- Pairing-Angebote: Bieten Sie spezielle Getränke-Pakete oder Kombinationen an, bei denen die Gäste ein Menü mit passenden Getränken – z. B. einem Aperitif und einem Nachtisch – zu einem attraktiven Preis bestellen können.

2. Vorspeisen und Beilagen

- Degustationsmenüs: Stellen Sie ein Degustationsmenü zusammen, das verschiedene Vorspeisen und Beilagen beinhaltet. Dies ermutigt die Gäste, neue Geschmäcker zu entdecken und erleichtert Entscheidungen.
- Mahlzeit-Upgrades: Bieten Sie Gästen die Möglichkeit, Hauptgerichte mit zusätzlichen Beilagen oder besonderen Vorspeisen zu einem ermäßigten Preis zu kombinieren.

3. Desserts und Nachspeisen

- Kreative Dessertkarten: Erstellen Sie eine Dessertkarte mit saisonalen und wechselnden Angeboten, die in Verbindung zu den Hauptgerichten stehen. Integrieren Sie lokale oder spezielle Zutaten in die Desserts.
- Dessert-"&-Drink"-Paarungen: Bieten Sie spezielle Paare an, bei denen bestimmte Desserts mit passenden Getränken wie Dessertweinen oder speziellen Kaffeevariationen kombiniert werden.

4. Weinempfehlungen

- Weinflights oder Tastings: Entwickeln Sie Weinflights oder Weinverkostungen, bei denen Gäste verschiedene Weine probieren können, die auf das Menü abgestimmt sind. Dies fördert die Interaktion mit dem Servicepersonal und das Verständnis für Weine.

- Weinpakete: Erstellen Sie Pakete mit verschiedenen Weinen oder Champagner, die speziell zu bestimmten Menüs passen und diese zum Verkauf anbieten.

5. Kaffee oder Digestifs

- Kaffeekultur fördern: Bieten Sie spezielle Kaffeekreationen oder Caféspezialitäten an, die regional oder nachhaltig sind. Stellen Sie sicher, dass das Servicepersonal geschult ist, um diese Optionen ansprechend zu präsentieren.
- Digestiv-Pakete: Bieten Sie eine Kombination aus Digestifs mit einem kleinen Dessert oder Käseplatte an, um Gästen die Möglichkeit zu geben, ihren Abend stilvoll abzuschließen.

6. Weitere Zusatzverkaufsmöglichkeiten

- Kochkurse: Bieten Sie spezielle Kochkurse oder verbreitete kulinarische Workshops an, bei denen Gäste lernen, die Gerichte des Restaurants nachzukochen, und fördern Sie somit eine Verbindung zu Ihrem kulinarischen Angebot.
- Takeaway-Angebote: Bieten Sie eine Auswahl an Gerichten oder Menüs an, die Gäste mitnehmen können, um die Qualität des Essens auch außerhalb des Restaurants zu genießen.
- Event- und Catering-Dienste: Vermarkten Sie Ihr Restaurant als Veranstaltungsort für private Feiern oder geschäftliche Anlässe und bieten Sie maßgeschneiderte Catering-Lösungen an.
- Rezeptkarten und Merchandise: Entwickeln Sie Merchandise-Produkte wie Kochbuchkarten für beliebte Gerichte oder hausgemachte Saucen, die Gäste käuflich erwerben können, um die Restaurantmarke in ihr Zuhause zu bringen.
- Treueprogramme: Implementieren Sie ein Treueprogramm oder Rabattsystem für wiederkehrende Gäste, um Anreize für häufige Besuche zu schaffen.

5.3. Zusatzverkauf in beiden Bereichen

1. Cross-Selling

- Personalisierte Empfehlungen: Entwickeln Sie ein System, das personalisierte Cross-Selling-Angebote basierend auf den bisherigen Buchungen und Vorlieben der Gäste generiert. Beispielsweise könnte einem Gast, der ein Zimmer in einer bestimmten Kategorie bucht, automatisch ein passendes kulinarisches Erlebnis oder ein Wellness-Paket vorgeschlagen werden.
- Paketangebote: Bieten Sie festgelegte Pakete an, die eine Kombination von Hotelzimmer, Flughafentransfer und Ausflügen zu einem vergünstigten Preis enthalten. Dies vereinfacht den Buchungsprozess und steigert den wahrgenommenen Wert.

2. Loyalitätsprogramme

- Stufenmodelle entwickeln: Implementieren Sie ein mehrstufiges Loyalitätsprogramm, bei dem Gäste für ihren Aufenthalt Punkte sammeln können. Höhere Stufen bieten exklusive Vorteile wie kostenlosen Zimmerservice oder Upgrades, die sie motivieren, länger zu bleiben oder öfter zurückzukommen.
- Exklusive Events für Mitglieder: Organisieren Sie spezielle Veranstaltungen nur für Mitglieder des Loyalitätsprogramms, wie z.B. Weinproben, Kochkurse oder eine Vorschau auf neue Menüs, um das Gefühl der Exklusivität und Zugehörigkeit zu fördern.

3. Schulung des Personals

- Verkaufstechniken: Schulen Sie Ihr Personal regelmäßig in bewährten Verkaufstechniken, die auf die Bedürfnisse der Gäste abgestimmt sind. Dies könnte auch den Einsatz von Storytelling-Techniken zur Präsentation von Zusatz-angeboten umfassen.
- Empathie Training: Bieten Sie Schulungen an, die sich auf Kundenservice und Empathie konzentrieren, um sicherzustellen, dass Mitarbeiter in der Lage sind, die Bedürfnisse der Gäste

wahrzunehmen und darauf zu reagieren, was den Verkauf von Zusatzleistungen erleichtert.

4. Kundenerlebnis

- Feedbacksysteme: Implementieren Sie ein systematisches Feedback- und Beschwerdemanagement, das Gästen die Möglichkeit gibt, ihre Erfahrungen zu teilen. Verwenden Sie dieses Feedback, um das Angebot kontinuierlich zu verbessern und Gäste gezielt anzusprechen.
- Individuelle Anpassungen: Achten Sie darauf, individuelle Wünsche zu erkennen und zu berücksichtigen, sei es durch besondere Arrangements für spezielle Anlässe oder die Berücksichtigung von Ernährungswünschen im Restaurant. Solche persönlichen Berührungen erhöhen die Kundenzufriedenheit und die Wahrscheinlichkeit eines Zusatzverkaufs.

5. Technologie nutzen

- Datenanalyse: Verwenden Sie Technologien zur Analyse von Gästedaten und Buchungstrends, um gezielte Marketingkampagnen für Zusatzangebote zu entwickeln. Diese Daten können helfen, Empfehlungen zu optimieren und personalisierte Angebote zu generieren.
- Mobile Apps: Entwickeln Sie eine Hotel- oder Restaurant-App, über die Gäste zusätzliche Dienstleistungen einfach buchen können. Dies könnte von Reservierungen im Restaurant über Spa-Buchungen bis hin zu Bestellungen für Zimmerservice reichen.
- E-Mail-Marketing: Nutzen Sie automatisierte E-Mail-Marketing-Tools, um gezielte Angebote und Rabattaktionen für frühere Gäste zu kommunizieren, die auf ihren Interessen und Buchungsverhalten basieren.

6. Effiziente Hilfsmittel, die den Verkauf leichter machen

6.1. Nutzenargumentation

Ein fundamentales Verkaufskonzept ist die Nutzen-argumentation. Käufer erwerben Produkte oder Dienstleistungen nicht aus dem bloßen Wunsch, Geld auszugeben, sondern um einen konkreten Nutzen daraus zu ziehen.

Daher empfiehlt es sich, eine Tabelle zu erstellen, die alle Angebote und Serviceleistungen des Dienstleistungs-betriebs auflistet. Daneben sollten die Vorteile und der Nutzen aus der Perspektive des Kunden aufgeführt werden. Diese strukturierte Darstellung ermöglicht es, schnell und unkompliziert überzeugende Verkaufsargumente zu entwickeln, die sowohl zur Einwandbehandlung als auch zur Beschleunigung des Verkaufsabschlusses eingesetzt werden können.

Beispiel Nutzenargumentation Hotel:

Angebote und Serviceleistungen	Vorteile und Nutzen
40 Zimmer	Das Hotel ist groß genug, um eine Busreisegesellschaft unterbringen zu können.
Davon 20 Suiten	Besonders empfehlenswert für Langzeitgäste oder Familien mit Kindern. Die Suiten sind für Zusatzbetten groß genug.
Und 20 Doppelzimmer	Die Doppelzimmer können auch als Einzelzimmer gemietet werden

Beispiel Nutzenargumentation Restaurant:

Angebote und Serviceleistungen	Vorteile und Nutzen
Aperitif	Appetitanregend hilft Wartezeiten zu überbrücken, macht gesellig, wirkt anregend, ist was Besonderes
Vorspeisen	Unterstreicht einen besonderen Anlass, wirkt feierlich, stillt den ersten Hunger, kann auch als Hauptspeise dienen, ist dekorativ, verlängert Tischgespräche
Nachtisch	Rundet ein Essen ab, ist was Besonderes, wird von Frauen und Kindern besonders geschätzt
Digestive	Wirkt verdauend, signalisiert das Ende einer Veranstaltung, wird von den Herren besonders geschätzt
Zigarren	Unterstreicht die Wichtigkeit eines Essens, einer Feier, die Zigarrenraucher rücken in den Mittelpunkt
Champagner (Sekt)	Die Bewirteten fühlen sich wichtig, besonderer Anlass, stimmt feierlich, passt zu Ansprachen/Toast, beflügelt, hebt den Blutdruck, kann auch am Vormittag angeboten werden, ist ein „elegantes" Getränk
Brunch	Essen nach Herzenslust, alles inklusive, Frühstück und Mittagessen in einem, selbst servieren, essen „bis zum geht nicht mehr"

6.2. Motivatoren

Ein weiterer wichtiger Aspekt sind die Motivatoren – also die Beweggründe, warum ein Kunde kauft. Diese Motivatoren sollten in die Werbetexte integriert werden. Typische Beispiele für solche Beweggründe umfassen Aspekte wie Geld sparen, Kosten reduzieren, Zeit gewinnen, Gesundheit fördern, Mühen vermeiden und das Lebensgefühl steigern. Indem wir die Motivationen unserer Kunden verstehen und ansprechen, können wir gezielter auf ihre Bedürfnisse eingehen und somit den Verkaufserfolg erhöhen.

Beispiel Tabelle mit Motivatoren:

„Motivator"	Werbetext (bitte ausfüllen)
Geld sparen	
Kosten sparen	
Zeit sparen/gewinnen	
Gesund bleiben	
Mühe vermeiden, Arbeit erleichtern	
Kultur erfahren	
Wellness genießen	
Lebensgefühl steigern	

6.3. Klassische Werbemittel

Werbemittel sind entscheidend für den Erfolg eines Vertriebs. Hierzu zählen beispielsweise:

- **Anzeigen**:
  Werbeanzeigen in Tageszeitungen oder Fachzeitschriften, die aktuelle Angebote präsentieren.
- **Flyer**:
  Ansprechende Prospekte, die Informationen über das Haus und Dienstleistungen liefern, oft ergänzt durch Bilder und Preislisten.
- **Rundschreiben**:
  Personalisierte Schreiben, die individuell an Kunden gerichtet sind, wie z. B. „Sehr geehrter Herr Mayer".
- **Hauszeitungen**:
  Diese sind besonders interessant, wenn mehrere Dienstleistungsbetriebe in einem Interessenverband zusammen-arbeiten, da so Kosten gespart werden können.
- **Außenwerbung / Leuchtreklame**:
  Die Leuchtreklame sollte in Farben und Schriftzügen gestaltet sein, die zu den restlichen Werbematerialien passen.
- **Audiovisuelle Werbung**:
  Werbung in Kinos oder im Fernsehen kann effektiv sein, ist jedoch oftmals kostspielig. Sponsoring lokaler Events kann eine kosteneffiziente Alternative darstellen, um den Bekanntheitsgrad zu steigern.

6.4. Digitale Werbemittel

Digitale Werbemittel sind in diesem Konzept nicht enthalten. Trotzdem zählen wir einige auf:

- Social Media Ads (Facebook, Instagram, Twitter)
- Google Ads (Such- und Display-Anzeigen)
- E-Mail-Marketing (Newsletter)
- Web- Banner
- Landing Pages
- Video- Werbung (YouTube, TikTok)
- Influencer-Marketing
- Blogs und Content-Marketing
- Mobile Apps
- Suchmaschinenoptimierung (SEO)

6.5. AIDA-Formel

Eine bewährte Struktur zur Steigerung des Verkaufserfolgs ist die AIDA-Formel, die sich für Werbung und Verkaufsgespräche eignet und auf vier Stufen basiert:

- Attention:
  Aufmerksamkeit erzeugen, eine ansprechende Verkaufs-atmosphäre schaffen und den Kunden herzlich begrüßen.

- Interest:
  Interesse wecken, relevante Informationen sammeln und die Kaufwünsche sowie Interessen der Kunden feststellen.

- Desire:
  Wünsche konkretisieren und auf Basis der Wunschermittlung passende Angebote präsentieren und Lösungen für mögliche Probleme anbieten.

- Action:
  Abschluss herbeiführen, den Kaufentschluss fördern und den Auftrag entgegennehmen.

6.6. Fazit

Durch die Anwendung dieser effizienten Verkaufshilfsmittel können Unternehmen nicht nur ihren Verkauf steigern, sondern auch die gesamte Kundenerfahrung verbessern. Eine hohe Zufriedenheit und Treue der Kunden sind die positiven Folgen einer gezielten Verkaufsstrategie, die auf den Bedürfnissen und Wünschen der Gäste basiert.

7. Gender Sales als Umsatzbooster

7.1. Einführung in Gender Sales

Gender Sales bezeichnet die gezielte Ansprache und Berücksichtigung der unterschiedlichen Bedürfnisse und Kaufverhalten von Männern und Frauen im Verkaufsprozess. Um den Umsatz zu maximieren und das Kundenerlebnis zu verbessern, ist es wichtig, die spezifischen Motivationen und Präferenzen der verschiedenen Geschlechter zu verstehen und in die Verkaufsstrategie einzubeziehen.

Psychologie des Kaufs
Die Kaufentscheidungen von Männern und Frauen können stark variieren. Männer neigen häufig dazu, faktische Informationen und Effizienz in ihren Kaufentscheidungen zu priorisieren, während Frauen mehr Wert auf emotionale Aspekte und persönliche Bindungen legen. Durch das Verständnis dieser psychologischen Unterschiede können Verkaufsmitarbeiter gezielt auf die Bedürfnisse und Wünsche ihrer Kunden eingehen.

Zielgerichtete Ansprache
Eine erfolgreiche Gender Sales-Strategie beinhaltet eine zielgerichtete Ansprache der verschiedenen Geschlechter. Das bedeutet, dass Marketingbotschaften und Verkaufsargumente entsprechend angepasst werden, um den individuellen Vorlieben der jeweiligen Zielgruppe gerecht zu werden. Beispielsweise könnten Werbematerialien für Männer funktionale Vorteile und technische Details hervorheben, während für Frauen die emotionalen Aspekte und das Gesamterlebnis betont werden sollten.

Produkt- und Serviceanpassung
Produkte und Dienstleistungen sollten so gestaltet werden, dass sie die speziellen Bedürfnisse beider Geschlechter ansprechen. Dies kann durch die Entwicklung von Produktvariationen erfolgen, die auf die Vorlieben von Männern und Frauen zugeschnitten sind, oder durch die Einführung geschlechtsspezifischer Marketingkampagnen. Nutzen Sie beispielsweise unterschiedliche Farbpaletten, Designs oder Branding-Strategien, die für die jeweilige Zielgruppe ansprechend sind. Schulung des Verkaufspersonals

Um Gender Sales effektiv umzusetzen, ist eine gezielte Schulung des Verkaufspersonals unerlässlich. Mitarbeiter sollten in der Anwendung von Gender-Analysen und im Umgang mit geschlechtsspezifischen Verkaufsstrategien geschult werden. Eine Sensibilisierung für die unterschiedlichen Bedürfnisse und Motivationen der Kunden fördert ein besseres Kundenverständnis und ermöglicht ein gezieltes Eingehen auf individuelle Fragen und Anliegen.

Feedback und Anpassung

Eine kontinuierliche Evaluierung der Gender Sales-Strategien ist entscheidend. Sammeln Sie Feedback von Kunden und analysieren Sie Verkaufsdaten, um festzustellen, welche Ansätze erfolgreich sind und wo Anpassungen erforderlich sind. Eine regelmäßige Überprüfung und Anpassung Ihrer Strategien stellt sicher, dass Sie effizient auf die sich ändernden Marktbedürfnisse reagieren und Ihre Zielgruppe bestmöglich ansprechen.

Fazit

Durch die gezielte Implementierung von Gender Sales können Unternehmen nicht nur den Umsatz steigern, sondern auch eine tiefere Verbindung zu ihren Kunden aufbauen. Indem die spezifischen Bedürfnisse und Motivationen beider Geschlechter berücksichtigt werden, entsteht eine wertschätzende und personalisierte Kundenerfahrung, die langfristige Bindungen und Zufriedenheit fördert.

7.2. Gender Sales in der Praxis

Verkaufspsychologische Studien zeigen, dass es bei Gendern nicht um
Schubladendenken geht, sondern um Tendenzen und *typische* Muster, die
helfen können, Angebote besser zu formulieren bzw. zu verkaufen, denn
das wollen wir auch im Hotel oder im Restaurant.
Die nachstehende Tabelle zeigt uns die Unterschiede zwischen Mann und
Frau.

Aspekt	Tendenz bei Männern	Tendenz bei Frauen
Kaufmotive	Nutzen, Funktion, Effizienz, Status, Wettbewerb	Emotion, Harmonie, soziale Aspekte, Wohlgefühl
Kommunikations-stil	Direkt, sachlich, lösungsorientiert	Kontextbezogen, empathisch, beziehungsorientiert
Entscheidungs-prozesse	Schnell, faktenbasiert	Detaillierter, absichernd, emotional abgestützt
Wahrnehmung	Fokus auf „Was bringt es mir konkret?"	Fokus auf „Wie fühlt es sich an, passt es zu mir?"

7.3. Verkaufsgespräche an der Rezeption und im Service

a. Wenn wir Männer ansprechen:
Fokus auf Nutzen, Fakten, Exklusivität

Sprache: Klar, knapp, ergebnisorientiert.

Beispiele:
Rezeption: „Mit unserem Upgrade sparen Sie sich Zeit & bekommen exklusiven Zugang zur Lounge."
Restaurant: „Unser Steak ist dry-aged – beste Qualität, ideal für Kenner."

Taktik:
Produktnutzen in den Vordergrund stellen, Entscheidungen erleichtern, Wettbewerbssignal setzen („Das wählen viele Geschäftsreisende.").

b. Wenn wir Frauen ansprechen:
Fokus auf Emotion, Atmosphäre, persönliches Erlebnis

Sprache: Bildhaft, empathisch, verbindend.

Beispiele:
Rezeption: „Dieses Zimmer hat einen wunderbaren Blick – ein Ort zum Ankommen und Wohlfühlen."
Restaurant: „Unsere vegetarische Vorspeise ist leicht und liebevoll angerichtet – perfekt für einen genussvollen Abend."

Taktik: Ambiente betonen, Vertrauen aufbauen, Beziehung fördern („Ich empfehle es besonders gern Gästen, die…").

7.4. Verkaufstechniken im Hotel: Konkrete Ansätze

Technik: Situatives Anpassen
Höre bewusst hin: Was betont der Gast? Effizienz oder Emotion?
Beobachte Körpersprache: Zielstrebig oder offen & dialogbereit?

Technik: Wahlmöglichkeiten bieten (aber unterschiedlich)
Für Männer: „Möchten Sie das Business-Paket oder das Komfort-Upgrade?"
(Entscheidung durch Vergleich)
Für Frauen: „Was ist Ihnen heute besonders wichtig: ein ruhiges Ambiente
oder ein schönes Ausblick-Zimmer?" (Einfühlung durch Auswahl)

Technik: Cross-Selling mit personalisiertem Bezug
Männer: „Unser Fitnessbereich ist technisch top ausgestattet – ideal für ein
kurzes Power-Workout vor dem Frühstück."
Frauen: „Unser Spa hat gerade eine neue Aromaöl-Massage – wunderbar
zum Entspannen nach einem vollen Tag."

8. Gästetypen erkennen – individuell verkaufen

Einmalige Individuen

Jeder Gast, ebenso wie jeder Kunde, ist ein individuelles, einmaliges Individuum mit spezifischen Eigenschaften und Erwartungen. Obwohl jede Person unterschiedlich ist, können wir unsere Gäste in verschiedene Typen einteilen, sie charakterisieren und Empfehlungen für den Umgang mit ihnen geben. Diese Einteilung ist eher theoretischer Natur und dient dazu, die vielfältigen Gästebedürfnisse besser zu verstehen.

Es ist wichtig zu bedenken, dass Gäste während ihres Aufenthalts im Hotel oder Restaurant ihren Charaktertyp wechseln können. Ein Geizhals kann sich binnen Sekunden zum großzügigen Trinkgeldgeber wandeln, und ein unentschlossener Gast kann plötzlich selbstbewusst auftreten. Deshalb ist Flexibilität im Umgang mit den Gästen entscheidend.

8.1. Der arrogante Gast

Charakterisierung:

- Lautstark und herablassend

- Denkt, alles besser zu wissen

- Akzeptiert keine anderen Meinungen

- Misstrauisch und provokativ

Umgang:

- Provokationen vermeiden und ruhig bleiben.

- Nicht widersprechen, außer in extremen Fällen, da dies zu weiteren Konflikten führen könnte.

- Keine Diskussionen führen, zusätzliche Informationen oder Empfehlungen nur geben, wenn es unbedingt notwendig ist.

- Besonders höflich, zurückhaltend und schnell agieren, um den Gast zufriedenzustellen.

8.2. Der geizige Gast

Charakterisierung:
- Hält Preise für überteuert
- Äußerst sparsam und kritisch gegenüber den Kosten
- Neigt dazu, nach mehr Leistung zu verlangen

Umgang:
- Höflich behandeln, ohne Verachtung oder eine negative Haltung zu zeigen.
- Keine Rechtfertigung der Preise bieten, um den Gast nicht noch kritischer zu machen.
- Gebuchte Leistungen klar und deutlich bestätigen, um Missverständnisse zu vermeiden.
- Zusätzliche Leistungen nicht anbieten, insbesondere keine Preisverhandlungen, um den Eindruck zu vermeiden, dass man versucht, ihn „auf den Leim zu gehen".

8.3. Der gesprächige Gast

Charakterisierung:
- Angenehm und offen
- Redet gerne und stellt viele Fragen
- Liebt Geselligkeit und lange Gespräche

Umgang:
- Interesse am Gespräch zeigen, aber höflich und bestimmt unterbrechen, um die Gesprächsführung zu kontrollieren.
- Versuchen, den Fokus auf die Verkaufsangebote zu lenken, wie spezielle Dienstleistungen, bevorstehende Veranstaltungen im Hotel oder Restaurant.
- Es ist wichtig, das Gespräch professionell zu gestalten, ohne sich in persönlichen Themen zu verlieren.

8.4. Der misstrauische Gast

Charakterisierung:
- Misstrauisch gegenüber anderen
- Äußert negative Kommentare über das Haus
- Empfindet sich als der einzige ehrliche Mensch

Umgang:
- Kritik nicht persönlich nehmen und versuchen, ruhig und professionell zu bleiben.
- Provokationen vermeiden und nicht versuchen, persönliche Empfehlungen zu geben, da dies den Gast nur weiter verunsichern könnte.
- Obwohl sie skeptisch sind, sollten sie in jedem Fall besonders gut behandelt werden, um ihr Wohlbefinden zu fördern und das Vertrauen zu gewinnen.

8.5. Der nervöse Gast

Charakterisierung:
- Unsicher und nervös
- Hat Schwierigkeiten, lange zu warten
- Kann Bestellungen häufig ändern

Umgang:
- Entscheidungen des Gastes niemals kritisieren, sondern immer bestätigen, um ihm Sicherheit zu geben.
- Flexible Ansätze zeigen und nicht aus dem Gleichgewicht bringen lassen, auch wenn der Gast seine Meinung häufig ändert.
- Geduldig und einfühlsam bleiben, um dem Nervösen ein Gefühl von Kontrolle und Komfort zu verleihen.

8.6. Der anspruchsvolle Gast

Charakterisierung:
- Höchste Erwartungen an Service und Qualität
- Hat oft Erfahrung mit hochwertigen Dienstleistungen
- Zeigt selten Zufriedenheit

Umgang:
- Proaktive Ansprache und individuelle Anpassungen anbieten, um die Erwartungen zu übertreffen.
- Immer aufmerksam auf Details achten und sicherstellen, dass alles perfekt ist, um einen bleibenden Eindruck zu hinterlassen.
- Eine klare und offene Kommunikation pflegen, um Missverständnisse zu vermeiden und den Gast wissen zu lassen, dass seine Zufriedenheit höchste Priorität hat.

Fazit Gästetypen

Das Verständnis der verschiedenen Gästetypen erleichtert die gezielte Ansprache und ermöglicht es dem Personal, bessere Verkaufschancen zu identifizieren. Ein empathischer und flexibler Umgang mit den unterschiedlichen Charakteren sorgt nicht nur für eine positive Gästewahrnehmung, sondern fördert auch deren Zufriedenheit und die Wahrscheinlichkeit eines erneuten Besuchs. Indem wir die individuellen Bedürfnisse und Erwartungen unserer Gäste erkennen und darauf reagieren, schaffen wir ein einladendes und erfolgreiches Umfeld für alle Beteiligten.

9. Professioneller Telefonverkauf -Telemarketing

Was verstehen wir unter Telefonverkauf?

Unter Telefonverkauf oder Telemarketing verstehen wir den gezielten Einsatz des Telefons zur Kundengewinnung, Kundenbetreuung und Auftrags- abwicklung. Telemarketing findet insbesondere in Verbindung mit Direkt- mailings, Medienwerbung oder persönlichen Verkaufsgesprächen Anwendung. Darüber hinaus eignet sich der Telefonkontakt hervorragend für Marktforschung, die Bearbeitung von Anfragen, Terminvereinbarungen, Verkaufsabschlüsse sowie zur langfristigen Kundenbindung.

Dieses Kapitel vermittelt professionelle Techniken für den erfolgreichen Telefonverkauf: Worauf muss ich bei einem Telefongespräch achten, und wie bereite ich mich gezielt darauf vor? Abschließend finden Sie einen Test zur Selbsteinschätzung und Analyse eines Telefonverkaufsgesprächs.

9.1 Worauf muss ich beim Telefongespräch achten?

- **Nach zwei- bis dreimaligem Klingeln abheben.** Falls dies nicht möglich ist, sollten weitere Mitarbeitende eingestellt oder die Telefonzentrale optimiert werden. Warteschleifen oder Anrufbeantworter sind möglichst zu vermeiden.
- **Volle Konzentration auf das Gespräch.** Multitasking ist tabu – der Kunde spürt sofort, wenn Sie nebenbei am Computer tippen oder Unterlagen durchsehen.
- **Telefonierende Kund:innen haben immer Vorrang.**
- **Einheitliche, professionelle Begrüßung:** Firmenname, Name des Mitarbeiters/der Mitarbeiterin, freundlicher Tagesgruß, Dank für den Anruf und Bereitschaft zur Dienstleistung signalisieren.
- **Komplimente einbauen:** Zum Beispiel „Schön, dass Sie uns anrufen" oder „Vielen Dank für Ihren Anruf".
- **Deutlich sprechen:** Alle Mitarbeitenden mit Kundenkontakt müssen klar, verständlich und freundlich artikulieren.
- **Weiterleitungen sofort vornehmen:** Kunden dürfen nicht „in der Leitung hängen".
- **Gespräche mit einer Zusammenfassung abschließen:** Zum Beispiel „Der Vertrag wird Ihnen per Post/Fax zugeschickt" oder „Sie erhalten umgehend unseren Angebotskatalog".
- **Namen verwenden:** Den Namen des Kunden möglichst früh erfragen und während des Gesprächs sowie bei der Verabschiedung mehrmals nennen.

9.2 Wie bereite ich mich auf ein Telefonverkaufsgespräch vor?

Ein erfolgreiches Telefonverkaufsgespräch beginnt mit einer strukturierten Vorbereitung. Entwickeln Sie im Vorfeld sowohl einen **Fragenkatalog** als auch einen **Gesprächsleitfaden**.

a) Fragenkatalog zur Vorbereitung

- Was ist der Hauptgrund für meinen Anruf?
- Welche weiteren (möglichen) Anliegen könnten bestehen?
- Wen genau möchte ich anrufen?
- Wie sieht das Kundenprofil aus?
- Welche Bedürfnisse und Erwartungen hat der Kunde?
- Können wir mit unseren Produkten oder Dienstleistungen diese Erwartungen erfüllen?
- Welche Fragen könnte der Kunde stellen?
- Welche allgemeinen und fachspezifischen Informationen muss ich zu Produkt oder Dienstleistung wissen (z. B. Preis, Garantie, Lieferbedingungen)?
- Mit welchen Einwänden ist zu rechnen?
- Wie kann ich diese Einwände entkräften?
- Wie leite ich den Verkaufsabschluss ein?
- Welches Werbematerial steht zur Verfügung und wie wird es dem Kunden übermittelt?
- Wer sind unsere Mitbewerber – und warum?
- Welche Maßnahmen zur Kundenbindung kann ich einsetzen?

b) Gesprächsleitfaden für den Telefonverkauf

Auf Basis Ihres Fragenkatalogs erstellen Sie einen individuellen Gesprächsleitfaden. Er unterstützt Sie sowohl bei eingehenden Anrufen nach einer Werbeaktion als auch bei aktiver telefonischer Kundenansprache. Die folgende Übersicht zeigt typische Verkaufsschritte („Was") sowie empfohlene Gesprächsstrategien („Wie"):

Was	Wie
Begrüßung	Bei eingehenden Anrufen: Firmenname, eigener Name, Tagesgruß, Dank und Bereitschaft signalisieren. Bei ausgehenden Anrufen zusätzlich: Standort nennen. Immer freundlich, lächelnd, deutlich und langsam sprechen.
Entscheidungsträger identifizieren	Falls unbekannt: „Könnten Sie mir bitte weiterhelfen? Wer ist bei Ihnen zuständig für …?"
Verbündete gewinnen	Sekretär:innen und Assistent:innen aufwerten, z. B.: „Frau Freundlich, Sie sind jetzt die wichtigste Person für mich …"
Bezug herstellen	Verweisen Sie auf vorausgegangene Kontakte: „Herr Besteller hat unser schriftliches Angebot vom 03.10. erhalten."
Fragen stellen	„Kennen Sie schon unser neues Produkt?" oder „Wissen Sie, wie Sie damit Zeit und Kosten sparen können?"
Angebot unterbreiten	Nur das anbieten, was zum Bedarf passt.
Preisnennung	Preis-Leistungs-Verhältnis erläutern.
Einwände entkräften	Sachlich und verständlich: Vorteile betonen, Kundennutzen herausstellen.
Kaufsignale erkennen	Der Kunde fragt nach Details oder nächsten Schritten.
Kauf bestätigen	Bestätigen Sie die Kaufentscheidung positiv.
Verabschiedung	Freundlich bedanken, Nachbetreuung ankündigen.
Kontaktdaten erfassen	Falls noch nicht bekannt: Daten über Sekretariat oder direkt erfragen.
Information & Empfehlung	Weitere relevante Produkte oder Leistungen anbieten.
Nachbetreuung organisieren	Schriftliche Auftragsbestätigung, Follow-up-Anruf etc.

9.3. Test: Telefonverkaufsgespräch

Telefonverkaufsgesprächs-Test					
(10=maximum, positiv)	10/9	8/7	6/5	4/3	2/1
Bewertungskriterien	☺ ☺	☺	☺	☹	☹ ☹
Telefonläuten: Wurde nach dem 2./3. Klingelton abgehoben?	— —	— —	— —	— —	— —
Begrüßung: Wurde freundlich gegrüßt? (Firma, Name, Tagesgruß)	— —	— —	— —	— —	— —
Dienstleistungsbereitschaft: Wurde Dienstleistungsbereitschaft signalisiert?	— —	— —	— —	— —	— —
Bedarfsermittlung: Fand eine Bedarfsermittlung durch professionell gestellte Fragen statt? (Kurze Fragen)	— —	— —	— —	— —	— —
Angebot: Wurde ein konkretes Angebot gemacht?	— —	— —	— —	— —	— —
Nutzenargumentation: Wurden die Vorteile und der Kundennutzen erfolgreich argumentiert?	— —	— —	— —	— —	— —
Einwandendkräftigung: Wie wurden die Einwände endkräftigt?	— —	— —	— —	— —	— —
Kaufsignale: Wurden die Kaufsignale rechtzeitig erkannt?	— —	— —	— —	— —	— —
Verkaufs(gesprächs)abschluss: Kam es zum erfolgreichen Abschluss? Oder wurde ein Termin für einen Verkaufsbesuch vereinbart?	— —	— —	— —	— —	— —
Verabschiedung: Wurden weitere Informationen oder eine Bestätigung angeboten? Und eine Nachbetreuung? Wurden die Kundenkoordinaten erfragt oder nochmals bestätigt?	— —	— —	— —	— —	— —
Erreichte Punkte:					

Auswertung:
Hervorragend = 100-91
Sehr gut   = 90-81
Gut   = 80-71

Befriedigend   = 70-61
Mangelhaft   = 60-51
Ungenügend   = 50-00

Stärken:

Schwächen:

10. Empfehlungen und Tipps

10.1. Praxistipps für Ihren Verkaufsalltag

1. Aufmerksame Zuhörer sein:
Hören Sie aktiv zu, wenn Kunden sprechen. Notieren Sie sich wichtige Details über ihre Wünsche und Bedürfnisse, um besser auf sie eingehen zu können. Wiederholen Sie wichtige Informationen, um zu zeigen, dass Sie das Gesagte ernst nehmen.

2. Persönliche Ansprache:
Nutzen Sie die Namen der Gäste, um eine persönlichere Bindung herzustellen. Dies fördert ein Gefühl von Wertschätzung und kann das Vertrauen stärken.

3. Storytelling nutzen:
Verwenden Sie Geschichten oder Anekdoten, um Ihre Produkte oder Dienstleistungen zu präsentieren. Geschichten können Emotionen wecken und helfen den Gästen, sich mit Ihrem Angebot zu identifizieren.

4. Bedarfsermittlung:
Stellen Sie gezielte Fragen, um die Bedürfnisse und Vorlieben Ihrer Gäste besser zu verstehen. Fragen wie „Was ist Ihnen bei Ihrem Aufenthalt besonders wichtig?" können Ihnen helfen, passende Angebote zu unterbreiten.

5. Upselling und Cross-Selling: Schulen Sie Ihr Personal in der Kunst des Upselling und Cross-Selling. Wenn ein Gast beispielsweise ein Zimmer bucht, könnte das Personal ihn auch auf Wellnessangebote oder gastronomische Specials hinweisen.

6. Hervorhebung von Mehrwert:
Erklären Sie den Gästen den Mehrwert Ihrer Angebote. Warum sollten sie ein Upgrade oder zusätzliche Leistungen in Anspruch nehmen? Zeigen Sie klar, wie diese ihnen einen Nutzen bringen können.

7. Positive Einstellung:
Eine positive, freundliche Atmosphäre ist ansteckend. Gehen Sie mit Begeisterung in den Verkauf und strahlen Sie Freude an Ihrer Arbeit aus. Dies beeinflusst die Stimmung der Gäste und kann ihre Kaufentscheidungen positiv beeinflussen.

8. Kreative Angebote und Packages:
Bieten Sie kreative Kombinationsangebote an, die mehrere Dienstleistungen oder Produkte zu einem attraktiven Preis bündeln. Diese Art von Angeboten kann Gäste motivieren, mehr auszugeben.

9. Feedback aktiv annehmen:
Ermuntern Sie Ihre Gäste, Feedback zu geben, und nutzen Sie dieses zur Verbesserung Ihrer Dienstleistungen. Gäste, die sich gehört fühlen, sind eher bereit, Ihre Angebote anzunehmen und wiederzukommen.

10. Regelmäßige Schulungen:
Halten Sie Ihr Verkaufsteam regelmäßig auf dem neuesten Stand der Produkte, Dienstleistungen und Verkaufstechniken. Schulungen und Workshops fördern nicht nur die Kompetenz, sondern stärken auch das Teamgefühl.

11. Einsatz von Technologie:
Nutzen Sie Hotel- oder Restaurantmanagement-Software, um Buchungen zu verfolgen und Daten über Gäste zu speichern. Dies ermöglicht personalisierte Ansprache und gezielte Angebote.

12. Sehen Sie Herausforderungen als Chancen:
Wenn Gäste unzufrieden zu sein scheinen oder Einwände äußern, sehen Sie dies als Gelegenheit, Ihr Serviceangebot zu verbessern und Vertrauen zurückzugewinnen. Reagieren Sie professionell und suchen Sie nach Lösungen.

13. Nachbereitung:

Setzen Sie sich mit Gästen nach ihrem Aufenthalt in Verbindung. Eine kurze E-Mail mit einem Dank für ihren Besuch und Informationen über zukünftige Angebote kann positive Erinnerungen wecken und zur Wiederbuchung anregen.

14. Fortlaufende Optimierung:

Überprüfen Sie regelmäßig, welche Verkaufstechniken am erfolgreichsten sind. Analysieren Sie die Verkaufszahlen und Gästefeedbacks, um herauszufinden, wo es Verbesserungspotenzial gibt. Eine ständige Anpassung Ihrer Strategien sorgt dafür, dass Ihr Team immer optimal aufgestellt ist.

15. Networking und Beziehungen aufbauen:

Fördern Sie den Kontakt zu wiederkehrenden Gästen. Regelmäßige Gäste schätzen eine persönliche Note und fühlen sich wertgeschätzt. Überlegen Sie, wie Sie ihre Aufenthalte noch unvergesslicher gestalten können, indem Sie individuelle Vorlieben in die Planung einbeziehen.

16. Verkaufsmaterialien anpassen:

Halten Sie Ihre Kataloge, Broschüren und Werbematerialien aktuell und relevant. Diese Materialien sollten die neuesten Angebote und Services reflektieren und ansprechend gestaltet sein, um die Aufmerksamkeit Ihrer Gäste zu gewinnen.

17. Kundenservice übertreffen:

Stellen Sie sicher, dass Ihr Kundenservice stets bereit ist, die Erwartungen zu übertreffen. Ein ausgezeichnetes Serviceerlebnis wirkt sich positiv auf die Wahrnehmung des gesamten Unternehmens aus und ermöglicht es, die Preise für angebotene Dienstleistungen zu rechtfertigen.

Fazit:

Indem Sie diese praktischen Tipps in Ihren Verkaufsalltag integrieren, schaffen Sie eine kundenorientierte Kultur, die den Umsatz steigert und die Loyalität der Gäste fördert. Setzen Sie auf kontinuierliche Verbesserung und Anpassung, um den dynamischen Bedürfnissen Ihrer Kunden gerecht zu werden und sich in der wettbewerbsintensiven Gastronomie- und Hotelbranche hervorzuheben.

10.2. Umgang mit Reklamationen

Kundenreklamation:

Wir erhalten eine Beschwerde / Kundenreklamation, die entweder mündlich oder schriftlich erteilt wurde. Ist sie mündlich, lassen wir den Kunden erst ausreden (leerlaufen), bevor wir Stellung nehmen oder nach einer Lösung suchen. Auch am Telefon sollten wir den Kunden nie unterbrechen oder auffordern, sachlich zu werden.

Des Weiteren sollten wir uns nicht persönlich angegriffen fühlen. Wir sind freundlich, auch wenn es uns manchmal schwerfällt.

Manche Kunden lassen sich durch unsere Entschuldigung besänftigen und erwarten keine Preisgeständnisse. Allerdings wissen wir das im Voraus nicht.

Lösungssuche:

Wir überprüfen sofort die Reklamation und sucht nach der bestmöglichen Sofortlösung.

Soforthilfe:

Können wir eine Soforthilfe anbieten, bzw. sieht er eine schnelle Lösung, bieten wir diese dem Kunden an. Dabei berücksichtigen wir die Parameter, die von der Geschäftsleitung schon im Vorfeld vorgeschrieben wurde. Z.B. Prozentsatz der Preisermäßigung oder Zusatzangebote, beziehungsweise Alternativen.

Hilfe erst später:

Sollten wir momentan keine Lösung finden, leiten wir die Reklamation an unseren Vorgesetzten, beziehungsweise Geschäftsleitung weiter. Sie entscheiden dann, wie geholfen wird.

Schichtbuch:

Die Reklamationen halten wir im Schichtbuch fest. Auch „kleine" Vorfälle werden aufgeschrieben und in der wöchentlichen oder monatlichen Dienstbesprechung analysieret.

Der Autor Frank Höchsmann

Frank Höchsmann ist ein herausragender Autor mit einem beeindruckenden Hintergrund im Bereich Betriebswirtschaft und Qualitätsmanagement.

Als Diplom-Betriebswirt, Qualitätsauditor und Nachhaltigkeits-manager verfügt er über eine umfassende Ausbildung und Fachkenntnisse. Seine langjährige internationale Erfahrung als Qualitäts-beauftragter, Manager und Auditor ermöglicht es ihm, einen globalen Blick auf die Themen, über die er schreibt, zu werfen.

Während seiner beruflichen Laufbahn hat Herr Höchsmann für verschiedene internationale Unternehmen und Organisationen gearbeitet, was seine Expertise in einem breiten Spektrum von Geschäftsbereichen unterstreicht.

Als Trainer hat er einen bedeutenden Beitrag geleistet, indem er mehr als 12.000 Fach- und Führungskräfte geschult hat. Diese Erfahrung gibt seinen Fachbüchern eine praxisnahe Perspektive und ermöglicht es ihm, komplexe Konzepte verständlich zu vermitteln.

Die Schwerpunkte von Frank Höchsmann liegen insbesondere im Qualitäts- und Nachhaltigkeitsmanagement sowie im internationalen Projekt-management.

Durch seine Publikationen, von denen es über 30 Fachbücher gibt, teilt er sein Fachwissen und seine praxiserprobten Strategien, um Organisationen und Fachleuten dabei zu helfen, in diesen entscheidenden Geschäfts-bereichen erfolgreich zu sein.

Seine Arbeit spiegelt nicht nur eine tiefe Kenntnis der Materie wider, sondern auch einen klaren Fokus auf die Anwendung von effektiven Methoden zur Verbesserung der Unternehmensleistung und Nachhaltigkeit.

Seminare, Webinare, Fachbücher, Qualitätstests

Workshops für Fachkräfte

- Erfolgreiche Gästekommunikation
- Housekeeping und Hausreinigung
- Hygieneschulung nach HACCP
- PEP – Persönliche Erfolgsplanung
- Verkauf und Zusatzverkauf
- Reklamationen und Gästebeschwerden
- Servicequalität aus Sicht des Gastes

Workshops für Führungskräfte:

- Business HoGa Coach
- Datenschutz nach EU-DSGVO
- Effiziente Führungstechniken
- HoGa Kaizen in 5 Schritten
- Hotel und Restaurant Marketing
- Housekeeping Management
- Konfliktmanagement
- Nachhaltige Qualitätsstandards
- Qualitätsmanagement ISO 9001
- Reklamationsmanagement
- Verkaufsmanagement
- Zeit- und Selbstmanagement

Veröffentlichte Fachbücher

- Effizientes Marketingkonzept (Deutsch, Englisch, Spanisch, Portugiesisch)
- Housekeeping Management (Deutsch, Englisch, Spanisch, Portugiesisch, Russisch, Chinesisch)
- Hygienemanagement, (Deutsch, Englisch, Spanisch, Portugiesisch, Französisch, Italienisch, Russisch)
- Kaizen für Dienstleister (Deutsch, Portugiesisch)
- Maître d'hotel (Spanisch, Deutsch)
- Mehr verkaufen, besser kommunizieren (Deutsch, Spanisch)
- Nachhaltige und umweltfreundliche Qualitätsstandards für Hotels und Restaurants (Deutsch, Spanisch, Englisch, Portugiesisch)
- Personalmanagement für Hotels und Gaststätten (Deutsch, Englisch, Spanisch, Portugiesisch)
- Qualitätsstandards für Hotels (Deutsch, Spanisch)
- Qualitätsstandards im Restaurant, (Deutsch, Spanisch)
- Servicequalität (Deutsch, Englisch, Spanisch, Portugiesisch, Französisch, Italienisch, Russisch)

Qualitätstests

Die Qualitätstests können die Betriebe selbst mit Hilfe der HOTQUA Online-Tests (gratis) durchführen oder durch HOTQUA Prüfer im Rahmen eines anonymen Tests (Mystery Test).
Nutzen der Qualitätschecks:
Objektive Erfassung der Servicequalität
Systematische Auswertung in Text und Bild
Erkennen von Schwachstellen
Detaillierte Empfehlungen im Testbericht

Hier die Liste der Online-Tests, die Ihnen unter
www.hotqua.de/online-tests
zur Verfügung stehen:

- Arbeitssicherheits-Check
- Datenschutz Fragebogen
- Geschäftsleitungs-Check
- HACCP-Temperaturliste
- Hotel-, Zimmer-, Badezimmer-Check
- Hygiene-Check-Küche
- Hygiene-Check-Lebensmittel
- Hygiene-Check-Personal
- Marketing-Konzept-Test
- Mitarbeiterzufriedenheit
- Motivationsmessung
- Nachhaltigkeits-Check

Zu aller guter Letzt eine Bitte

Liebe Qualitätsinteressenten,

falls Sie Anregungen, Kritik oder einen Vorschlag haben, können Sie diesen Zettel ausfüllen und an unsere Qualitätsbeauftragte weiterreichen. Ihre Anregungen, Vorschläge und/oder Kritiken werden dankbar ausgewertet und registriert.
Falls gegeben und erwünscht, wird Ihr Vorschlag in der nächsten Ausgabe berücksichtigt.

Vielen Dank,   Frank Höchsmann

MIAU / Mir ist aufgefallen, dass….

_____

_____

_____

_____

_____

_____

_____

Bitte an Martha Cecilia Höchsmann Lozano senden:
m.hoechsmann@hotqua.de